サイパー 国語 読解の特訓シリーズ シリーズ二十七

要約の特訓 上
・楽しく文章を書こう・
・文章の読解と要約の特訓・

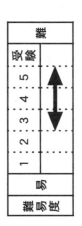

もくじ

「要約の特訓 上」について ……………… 2

このテキストの使い方 ……………… 3

問題一 ——————— 4

テスト一 ……………… 16

問題二 ——————— 20

テスト二 ……………… 32

問題三 ——————— 36

テスト三 ……………… 48

（解答のページは、各問題のページに記してあります）

M.access　　　　　－1－　　　　　要約の特訓　上

「要約の特訓　上」について

　このテキストは、文の要旨を正確につかみ、文を短く要約する練習をするものです。文の要旨を正確につかむということは、高い読解力を持つということに他なりません。読解力は、すなわち国語力そのものですので、このテキストは、高い国語力をつけるための直接的な効果が期待できるものです。

　小学生に対して、文（文章）を書かせる勉強には、この「要約」の他に「作文」、「読書感想文」などがあります。「作文」はいわば「随筆文」です。「読書感想文」はいわば「書評」です。「随筆文」や「書評」などを書くには、高い創造力と批評力が必要となり、「随筆文」や「書評」は大人でも書くのが難しい文章です。ですから一般的な小学生や中学生ぐらいの子どもに「作文（随筆）」や「読書感想文（書評）」を書かせることは、仮にきちんと文章を書く指導をしたとしても、かなり困難な作業です。ましてや、書く指導をしないまま、「思ったまま書いてみましょう」「感じたことをそのまま書きましょう」程度の指導で、「作文」や「読書感想文」を書かせることは、子どもを「書く」ことから遠ざけ、嫌いにする要因の一つになっていると思われます。

　小学生に対して「書く」指導を行う場合は、まずは「要約」（あるいは「あらすじ」）から入るのが、子どもにとって負担が少なく、取り組みやすいので、たいへん良いのです。作文や感想文嫌いの子どもでも、比較的容易に、楽しく文章を書く練習ができるように、そして、国語力が向上することを願って、このテキストは作成されています。

このテキストの使い方

この解答らんのマスは、文字数をかんじょうするためのものですので、文字も記号も必ず一マス使います。作文を書くときのルールとはちがいますので、注意して下さい。

＊最初の一マスを空ける必要はありません。最初のマスから書き始めましょう。

×
わ	た	し	は	き	の	う	、	公
園	の	桜	の	木	の	下	に	座っ

○
わ	た	し	は	き	の	う	、	公	園
の	桜	の	木	の	下	に	座	っ	て

＊読点（、）、句点（。）、カギカッコ（「」）などの記号も、必ず一マス使います。

×
太	郎	君	が	「	今	度	、	裏	山
の	探	検	に	行	こ	う	。」	と	言

○
太	郎	君	が	「	今	度	、	裏	山
の	探	検	に	行	こ	う	。	」	と

＊小さな「っ」や読点（、）、句点（。）、カッコ閉じる（」）が行の一番下に来る場合でも、カッコ開く（「）が行の一番上に来る場合でも、必ず一マス使ってかきます。

×
明	日	に	な	れ	ば	お	そ	ら	く、
ク	ラ	ス	の	み	ん	な	で	植	え

○
明	日	に	な	れ	ば	お	そ	ら	く
、	ク	ラ	ス	の	み	ん	な	で	植

問題一、1〜2

問題一、後の□に合うようにヒントにしたがって、次の各文から大切な部分を短くさがし、**ぬき書き**しましょう。

例、昨日はとても良い天気だったので、ぼくは大川の河原を二時間ほどサイクリングした。

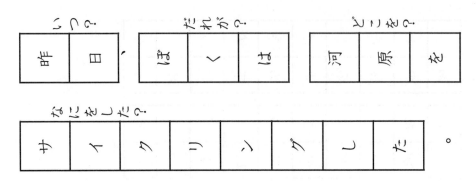

1、明るい太郎は、元気にあいさつする。

だれが？			どうする？					
		は						。

2、遠足で行った桜が丘の景色を、私は決して忘れないでしょう。

どこの？				なにを？			
			の			を	、

だれが？		どうする？				
	は					。

（解答は10ページ）

問題1、3～4   年　月　日

3、しめじめとした雨の日には、どこにも行かずに家の中で読書をするのが一番良い。

いつ？

どこで？
			で

なにが？
					が

どう？
			|。

4、学校に教科書をおきわすれたので、ぼくは今日、明日までの宿題ができない。

だれが？
		は

いつ？

どうする？
						|。

解答 テスト三-1　　　　　　　　　　　　　　　年　月　日

1、東京湾アクアラインは、神奈川県川崎市と千葉県木更津市をむすんでいる、長さおよそ十五キロメートルの高速道路と呼ばれています。川崎側の十キロメートル弱は「アクアトンネル」と呼ばれる海底トンネル、木更津側の四キロメートル強は「アクアブリッジ」と呼ばれる橋でできている、めずらしいつくりです。

（各5点）

なに？　| 東京湾アクアライン | は、どこ？ | 川崎市 | と

どこ？ | 木更津市 | をむすぶ　なに？ | 高速道路 | で、

どちら？ | 川崎 | 側は　なに？ | 海底トンネル | 、

どちら？ | 木更津 | 側は　なに？ | 橋 | でできている

めずらしいつくりだ。

解答 テスト三 2

2、海からやって来た湿った空気が山に当たると、斜面にそって上昇(じょうしょう)する。上昇した空気は温度が下がるため、斜面の上部で雨を降らせる。雨を降らせて乾燥(かんそう)した空気が山を越え、今度は斜面にそって下降(かこう)する。下降した空気は温度が上がるので、これをフェーンと現象は乾燥した高温の風がふきこむ事になる。現象と言う。(各5点)

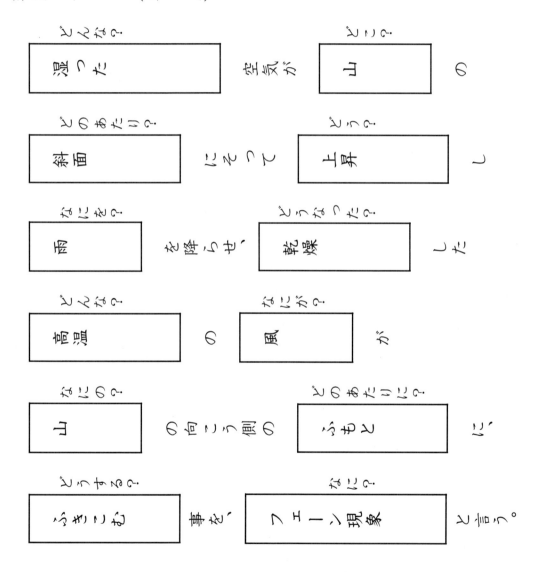

問題１、５〜６　　　　　　　　　　　　　　　年　月　日

5、華やかな夏の祭は、遠くなつかしいふるさとの事を、ゆり子に思い出させた。

なにが？ □□□□は
だれに？ □□□□に
なにを？ □□□□□□□を
どうした？ □□□□□□。

6、日がくれる直前の夕焼けの空を、白い一羽の鳥がゆうゆうと飛んでいた。

どこを？ □□□□□□を
なにが？ □□が
どうしていた？ □□□□□□。

（解答は14ページ）

7、静かなだれもいないプールで一人泳いでいると、まるで広い海の中をただよっているようだ。

どこで？
□□□□で

どうしている？
□□□□□□□□て、

どこを？
□□□□を

どうしているようだ？
□□□□□□□□□ようだ。

8、さっき、郵便局の裏の公園で泣いていたのは、三けんとなりに住んでいるしろうちゃんだ。

いつ？
□□□

どこで？
□□□で

なにをしていたのは？
□□□□□□□は

だれ？
□□□□□□□だ。

問題一、後の□に合うようにヒントにしたがって、次の各文から大切な部分を短くさがし、**ぬき書き**しましょう。

例、昨日はとても良い天気だったので、ぼくは大川の河原を二時間ほどサイクリングした。

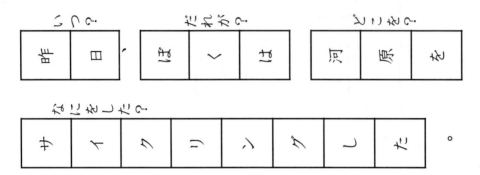

1、明るい太郎は、元気にあいさつする。

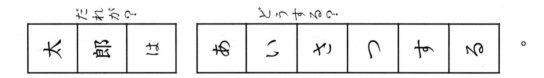

2、遠足で行った桜が丘の景色を、私は決して忘れないでしょう。

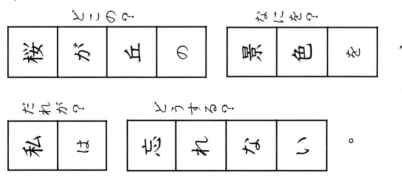

３、じめじめとした雨の日には、どこにも行かずに家の中で読書をするのが一番良い。

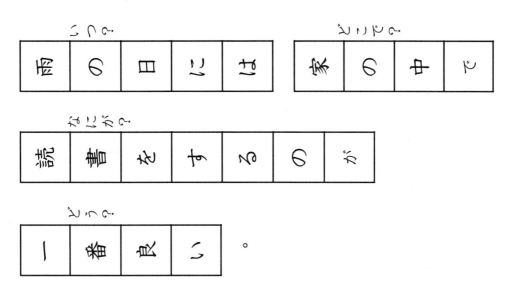

４、学校に教科書をおきわすれたので、ぼくは今日、明日までの宿題ができない。

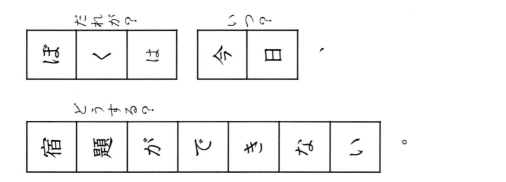

問題一、9〜10　　　　　　　　　　年　月　日

9、毎日しっかりと練習する事は、だれにとっても絶対に必要な事だ。

なには？
| | | | | |は|

だれにとって？
| | | | | | | |

どう？
| | | | | |。|

10、さわやかな高原の朝は、悲しみにしずんだ私の心をやさしくなぐさめてくれた。

なには？
| | | | |は|

なにを？
| | | |を|

どうした？
| | | | | | | |。|

（解答は18ページ）

問題、11〜12　　　　　　　年　月　日

11、何年分もたまった春子の日記には、とりとめのない日々のできごとが、春子の思い出とともに書きつづられている。

どこに？
|　|　|　|　|　|に|は|

なにが？
|　|　|　|　|　|　|　|が|

どう？
|　|　|　|　|　|　|　|　|　|。|

12、仲の良い青木君と赤井君は、夏になると、二人そろって近くの川へ泳ぎに行く。

だれが？
|　|　|　|　|　|　|　|　|

いつ？　　どこく？
|　|　|　|　|　|

なにをする？
|　|　|　|　|　|。|

（解答は19ページ）

5、華やかな夏の祭は、遠くなつかしいふるさとの事を、ゆり子に思い出させた。

なにが？					だれに？			
夏	の	祭	は		ゆ	り	子	に

なにを？					
ふ	る	さ	と	の 事	を

※表記の都合上、一部のマスを結合しています。

どうした？					
思	い	出	さ	せ	た 。

6、日がくれる直前の夕焼けの空を、白い一羽の鳥がゆうゆうと飛んでいた。

どこを？					なにが？	
夕	焼	け	の	空 を	鳥	が

どうしていた？				
飛	ん	で	い	た 。

7、静かなだれもいないプールに一人泳いでいると、まるで広い海の中をただよっているようだ。

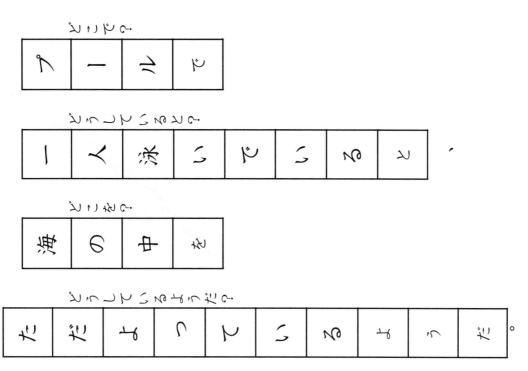

8、さっき、郵便局の裏の公園で泣いていたのは、三けんとなりに住んでいるじろうちゃんだ。

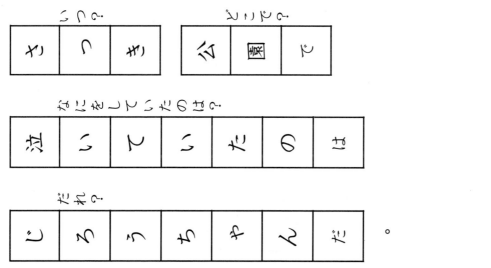

テスト 1〜2　　　　　　　　　　　年　月　日

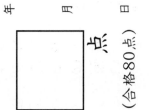
（合格80点）

1、じめじめとした雨の日には、どこにも行かずに家の中で読書をするのが一番良い。（各6点）

いつ？ ☐☐☐☐☐

どこで？ ☐☐☐☐と

なにが？ ☐☐☐☐☐☐☐が

どう？ ☐☐☐☐。

2、毎日しっかりと練習する事は、だれにとっても絶対に必要な事だ。（各6点）

なには？ ☐☐☐☐☐☐は

だれにとって？ ☐☐☐☐☐☐☐

どう？ ☐☐☐☐☐。

（解答は22ページ）

3、一面に広がる花畑で、久しぶりにゆっくりと休みをとった夏子は、時間を忘れて昼寝をした。(6、6、7点)

だれが？ □□□
どこで？ □□□
なにをした？ □□□□□。

4、ぼくのかわいい弟のかいた一枚の絵は、色づかいがとてもあざやかで、それを見た人全てをとても明るい気持ちにする。(6、6、7、6、7、7点)

だれの？ □□の
だれの？ □□の
どうした？ □□□
なにが？ □は、
だれを □□□□□□を
どんなふうにする？ □□□□□□□□□。

解答１、9〜10　　　　年　月　日

9、毎日しっかりと練習する事は、だれにとっても絶対に必要な事だ。

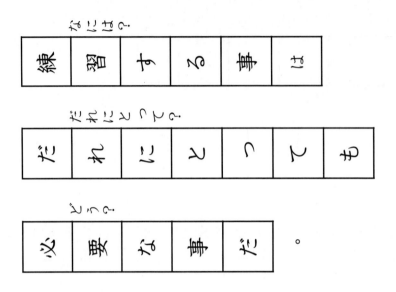

10、さわやかな高原の朝は、悲しみにしずんだ私の心をやさしくなぐさめてくれた。

11、何年分もたまった春子の日記には、とりとめのない日々のできごとが、春子の思い出とともに書きつづられている。

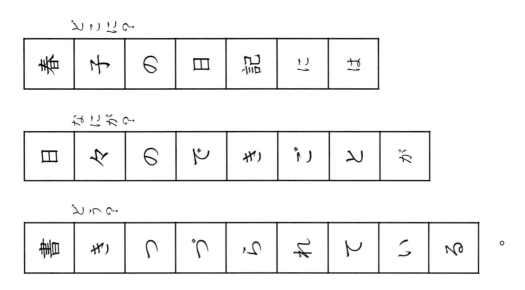

12、仲の良い青木君と赤井君は、夏になると、二人そろって近くの川へ泳ぎに行く。

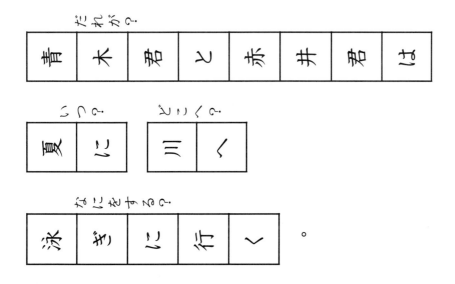

問題二、1〜2

問題二、後の□に合うように、ヒントにしたがって、次の各文章から大切な部分を短くさがし、抜き書きをしましょう。

1、昨日の事だ。ぼくは教室に入った。すると、いつものさわぐがしていようすは全くなく、なぜかみんなし一んとだまりこくっていた。

いつ？　　　　　　だれ？
□□　、　□□　が

どこ？　　　どうする？　　　だれ？
□□　に　□□　と、　□□□　は

どうしていた？
□□□□□□□□□□□　。

2、村のはずれに古い大きな石橋がある。その石橋は、肥後の石工として有名な三五郎によって作られたものである。

どこ？　　　どこ？　　　　なに？
□　の　□□□　の　□□　は、

だれ？　　　　　どんな人？
□□□　という　□□　によって

どうされたもの？
□□□□□□　だ。

問題三 3〜4　　　年　月　日

3、北陸地方は、日本でも有数の米どころだ。しかし冬には雪がたくさん降るので、年に一度、米だけを作る米の単作地帯として知られている。

なに？ の多い どこ？ は、

なに？ の どんなところ？ として

どう？ 。

4、野辺山原は標高千メートルほどもあります。そこでは夏でも高温にならないすずしい気候を利用した、レタスやキャベツ、白菜などの高原野菜の生産がさかんです。

なに？ の高い どこ？ では、

いつ？ の どんな？ 気候を利用した、

なに？ の生産が どう？ だ。

（解答は27ページ）

1、じめじめとした雨の日には、どこにも行かずに家の中で読書をするのが一番良い。（各6点）

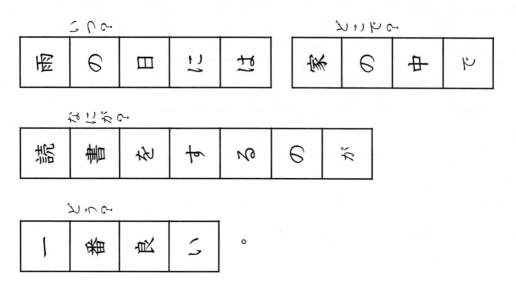

2、毎日しっかりと練習する事は、だれにとっても絶対に必要な事だ。（各6点）

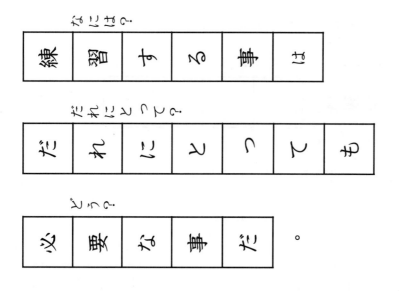

3、一面に広がる花畑で、久しぶりにゆっくりと休みをとった夏子は、時間を忘れて昼寝をした。(6、6、7点)

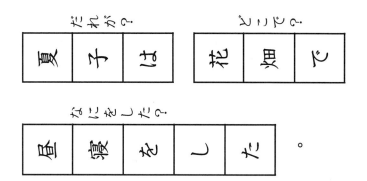

4、ぼくのかわいい弟のかいた一枚の絵は、色づかいがとてもあざやかで、それを見た人全てをとても明るい気持ちにする。(6、6、7、6、7、7点)

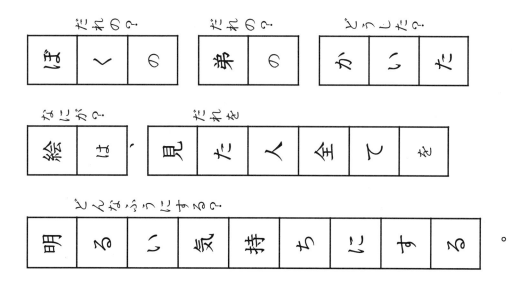

問題二、5～6

5、高知平野や宮崎平野は、比較的暖かい気候です。その気候を利用して、野菜を他の地方より早く作って早く出荷する促成栽培（そくせいさいばい）がさかんです。

　　　　どこ？
　□□□□□□□□□では

　　　なにを？
　□□□□□を利用した

　　　なが？
　□□□□がさかんだ。

6、川が山地から平地に出る時に、急に流れがゆるやかになります。その時に運んできた土砂を山地の出口付近にもうせきします。こうしてできたおうぎ形の土地を扇状地（せんじょうち）と言います。

　なに？　どこ？　　　　どこ？
　□が　□□の　　　□□□□に

　なに？　どうやって？
　□□を　□□□□てきた

　　どんな？　　　　　なに？
　□□□□の土地を　□□□と言う。

（解答は30ページ）

問題 二、7　　　　　　　　　　　年　月　日

7、日本は山がちで平地が少ないので、農家一戸あたりの耕地(こうち)面積はせまいのが実情です。そこで、そこにたくさんの人手をかけ、たくさんの肥料(ひりょう)・農薬を使って、せまい耕地から多くの農作物を取るように工夫しています。このような農業を集約農業(しゅうやくのうぎょう)と言います。

（※耕地…田や畑として利用し、農作物を作るための土地）

たくさんの ☐☐(なに?)、☐☐(なに?)、☐☐(なに?)

を使って、☐☐(どこ?) の ☐☐(なに(だれ)?) の持つような

せまい ☐☐(なに?) から多くの ☐☐(なに?) を

取るよう ☐☐(どう?) した農業を

☐☐☐☐(なに?) と言う。

（解答は31ページ）

問題二、後の口に合うように、ヒントにしたがって、次の各文章から大切な部分を短くさがし、抜き書きをしましょう。

1、昨日の事だ。ぼくは教室に入った。すると、いつものとわくがしていようすは全くなく、なぜかみんなしーんとだまりこくっていた。

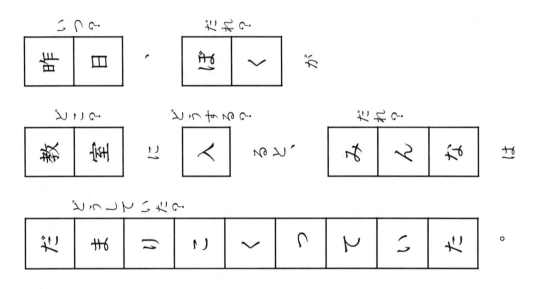

2、村のはずれに古い大きな石橋がある。その石橋は、肥後の石工として有名な三五郎によって作られたものである。

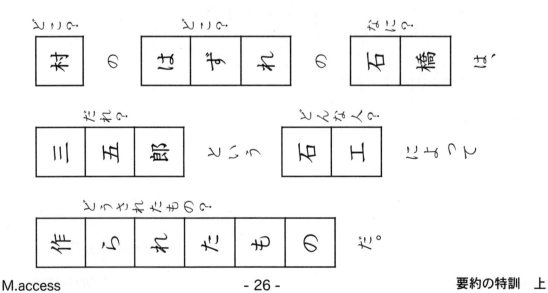

3、北陸地方は、日本でも有数の米どころだ。しかし冬は雪がたくさん降るので、年に一度、米だけを作る米の単作地帯として知られている。

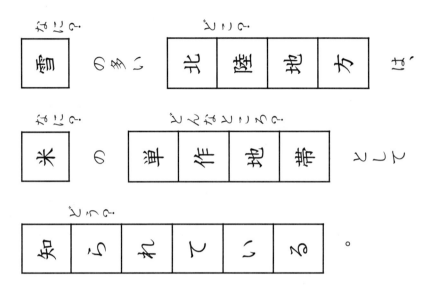

4、野辺山原は標高千メートルほどもあります。そこでは、夏でも高温にならないすずしい気候を利用した、レタスやキャベツ、白菜などの高原野菜の生産がさかんです。

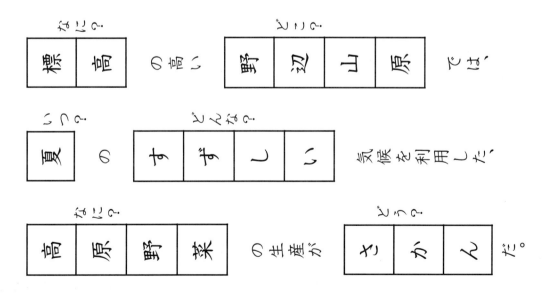

問題二、8   年 月 日

8、遠浅(とおあさ)の海や湖沼(こしょう)に堤防(ていぼう)をきずいて囲み、その水を干し上げてできた土地は地面が低いので、主に水田として利用されています。

（※遠浅…海や湖で、遠くの沖の方まで水深の浅い部分が続いている事）

（※湖沼…湖や沼やその他湿地帯をふくめた呼び方）

　　なに？　　　　　　　　どう？
　□□　として　□□　するために、

　どんな？　　どこ？　　どこ？　　　なに？
　□□　の　□　や　□□　の　□　を

　どうする？　　　　　なに？
　□□□□　と　□□　にする事を、

　なに？
　□□　と言う。

（解答は34ページ）

問題二、9 年　月　日

9、一年に二回、同じ土地で同じ作物を作る事を二期作と言います。主に稲作です。また、一年に二回、同じ土地で違う作物を作る事を二毛作と言います。米と麦、米と豆などが代表的なものがこれです。どちらも手間がかかる割に収量があまり多くないので、現在はあまり行われていません。
（収量…作物の取れ高。）

土地で〔どんな？　　〕〔どのくらいの割合で？　　〕に〔どんな？　　〕作物を作る事を〔なに？　　　〕、

〔どんな？　　〕作物を作る事を〔なに？　　　〕と

言い、〔いつ？　〕はどちらも〔どうされて？　　　　　　　〕いない。

（解答は35ページ）

5、高知平野や宮崎平野は、比較的暖かい気候です。その気候を利用して、野菜を他の地方より早く作って早く出荷する促成栽培（そくせいさいばい）がさかんです。

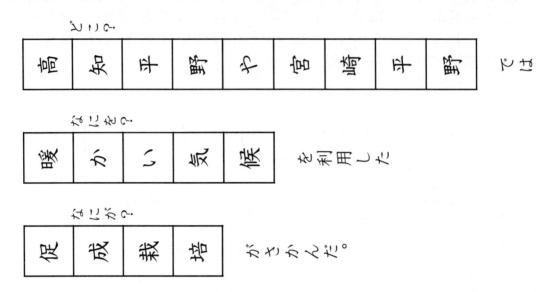

6、川が山地から平地に出る時に、急に流れがゆるやかになります。その時に運んできた土砂を山地の出口付近につもらせます。こうしてできたおうぎ形の土地を扇状地（せんじょうち）と言います。

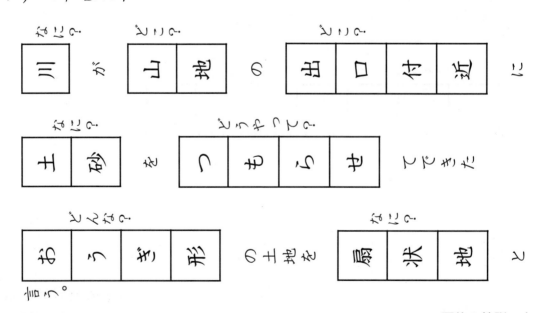

解答二・7

7、日本は山がちで平地が少ないので、農家一戸あたりの耕地(こうち)面積はせまいのが実情です。そこで、そこにたくさんの人手をかけ、たくさんの肥料(ひりょう)、農薬を使って、せまい耕地から多くの農作物を取るよう工夫しています。このような農業を集約農業(しゅうやくのうぎょう)と言います。

（※耕地…田や畑として利用し、農作物を作るための土地）

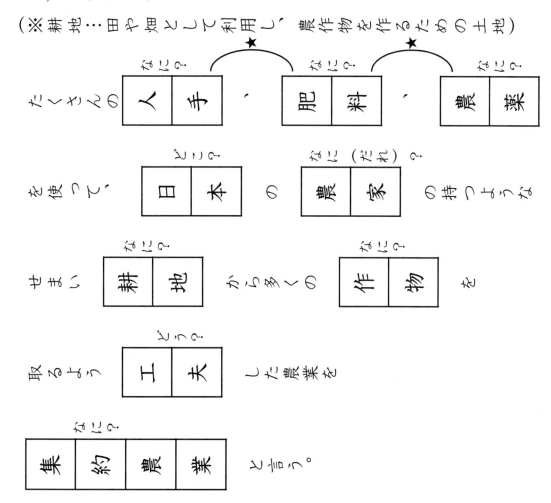

★「人手」「肥料」「農薬」の順が良いが、逆になっていても可。

テスト 1～2

1、北陸地方は、日本でも有数の米どころだ。しかし冬には雪がたくさん降るので、年に一度、米だけを作る米の単作地帯として知られている。（各5点）

北陸地方は、□[なに？]の多い□□□□[どこ？]は、

□[なに？]の□□□□[どんなところ？]として

□□□□□□[どう？]。

2、川が山地から平地に出る時に、急に流れがゆるやかになりますす。その時に運んできた土砂をおうたぎ形の土地を山地の出口付近で扇状地（せんじょうち）と言います。（各5点）

□[なに？]が□□[どこ？]の□□□□[どこ？]に

□□[なに？]を□□□□[どうやって？]できた

□□□□[どんな？]の土地を□□□[なに？]と

言う。

テスト3　　　　　　　　　　年　月　日

3、夏になっても、雨や曇りの日が多く十分な日照(※)時間がなかったり、気温が十分に上がらなかったりする年があります。こういう年は、作物がよく育たず、大きな被害を与える事があります。これを冷害(れいがい)と言います。特に米は高温を好むので、冷害の被害をこうむりやすい作物です。(各5点)

(※日照時間…晴れて太陽の照っている時間。)

| いつ？ | に | どのくらい？ | な | なに？ | | | | や

高い | なに？ | が確保されず、特に | なに？ | がよく

育たない事によって、| なに(だれ)？ | が大きな

| なに？ | をこうむる事を | なに？ | と言う。

(解答は39ページ)

8′ 遠浅（とおあさ）の海や湖沼（こしょう）に堤防（ていぼう）をずいて囲み、その水を干し上げて陸地にする事を干拓（かんたく）と言います。干拓でできた土地は地面が低いので、主に水田として利用されています。

（※遠浅…海や湖で、遠くの沖の方まで水深の浅い部分が続いている事）

（※湖沼…湖や沼やその他湿地帯をふくめた呼び方）

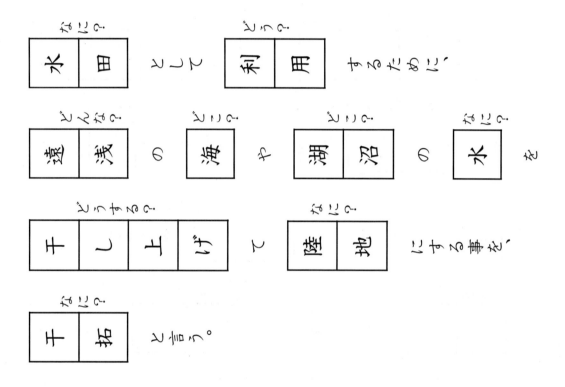

9、一年に二回、同じ土地で同じ作物を作る事を二期作と言います。主に稲作です。また、一年に二回、同じ土地で違う作物を作る事を二毛作と言います。米と麦、米と豆など（ゆう＝代表的なもの）が代表的なものです。どちらも手間がかかる割に収量（＝作物の取れ高。）が少ないので、現在はあまり行われていません。

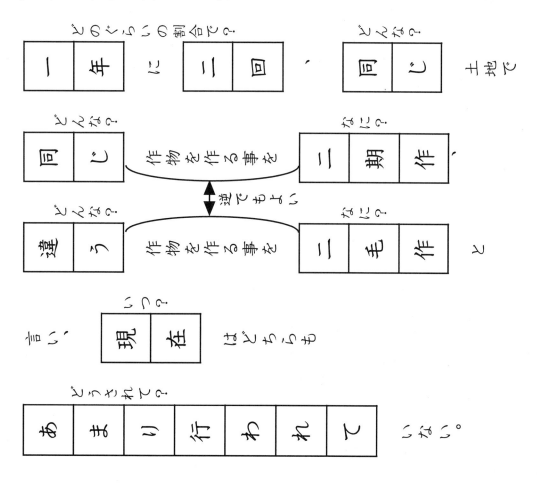

問題三、1

問題三、ヒントにしたがって、次の各文章から大切な部分をできるだけ短くさがし、抜き書きして答えましょう。

1、毎年降る多くの雪は、スキーの大好きなぼくたちにとって日常の生活をさまたげる全くのやっかいものだと聞いた。雪国の人にとっては、なくてはならない大切なものだが、

［なに？］　は、［なに？］　の

［どう？］　な　［だれ？］　に

とっては　［どんな？］　だが、

［どこ？］　のくにとっては

［どんなもの？］　だと聞いた。

問題三、2

2、すばやく動き続け、長く動き続けるための持久力、瞬発力、すばやく動けるための決断力や判断力など、高い能力が必要とされる。その中で、優れた運動能力を持ちつつたゆまぬ努力を続けた者のみが、一流と呼ばれるようになるのだ。さらにそういったスポーツ選手に合わせてどうこう(　　)、時々のスポーツ選手に合わせてどうこう

□ どんな？　と呼ばれる

□ なに？　になるためには、高い

□ なに？　　□ なに？

□ なに？　などの　□ なに？

を持つ上に、□ どんな？

□ なに？　を　□ どうする？　る

必要がある。

1、北陸地方は、日本でも有数の米どころだ。しかし冬には雪がたくさん降るので、年に一度、米だけを作る米の単作地帯として知られている。(各5点)

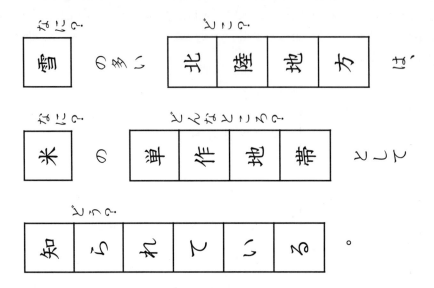

2、川が山地から平地に出る時に、急に流れがゆるやかになり、そこまでに運んできた土砂をつもらせます。そうしてできたおうぎ形の土地を扇状地(せんじょうち)と言います。(各5点)

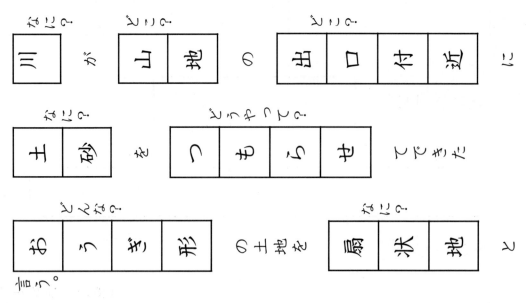

3、夏になっても、雨やくもりの日が多く十分な日照(にっしょう)時間がなかったり、気温が十分に上がらなかったりする年があります。こういう年は、作物がよく育たず、農家にとって大きな被害を与える事があります。これを冷害(れいがい)と言います。特に米は高温を好むので、冷害の被害をこうむりやすい作物です。(各5点)

(※日照時間…晴れて太陽の照っている時間。)

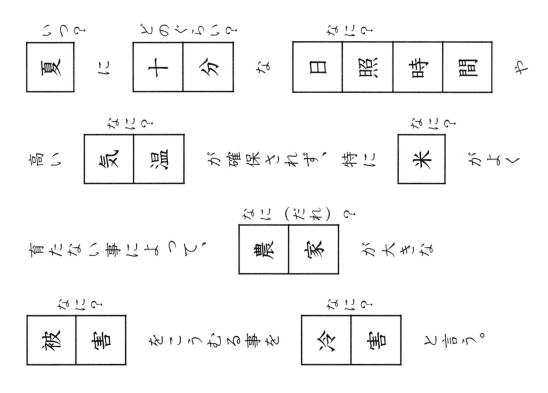

問題三、3

3、海からやって来た湿った空気が山に当たると、斜面に沿って上昇（じょうしょう）し、斜面の上部で雨を降らせる。雨を降らせた空気は温度が上がり、山を越えると今度は斜面にそって下降（かこう）する。下降した空気は温度が上がり、乾燥（かんそう）する。そのそうに下降する高温の下降風がふきこむ事になる。これをフェーン現象と言う。

どんな？		どこ？	
	空気が		の

どのあたり？		どう？	
	にそって		し

なにを？		どうなった？	
	を降らせ、		した

どんな？		なにが？	
	の		が

なにの？		どのあたりに？	
	の向こう側の		に、

どうする？		なに？	
	事を、		と言う。

（解答は46ページ）

問題三、4

4、野菜や果物など比較的いたみやすい農作物や魚介類（をよくやしたい所）から遠く離れた消費地（しよひち・売る場所）まで冷たいままで運ぶ仕組みを、保冷トラックなどを用いて産地（作った場所）からいたんだまま運ぶ仕組みを、コールドチェーンと言います。

なに？ □ や　　なに？ □ や

なに？ □ などを、　どこ？ □ から

どこ？ □ まで　　どんなふうに？ □ まま

どうする？ □ 仕組みを、　なに？ □

と言う。

問題三、ヒントにしたがって、次の各文章から大切な部分をできるだけ短くさがし、抜き書きして答えましょう。

1、毎年降る多くの雪は、スキーの大好きなぼくたちにとって日常の生活をさまたげる全くのやっかいものだが、雪国の人にとっては、なくてはならない大切なものだと聞いた。

なに？
| 雪 | は、

なに？
| スキー | の

どう？
| 大好き | な

だれ？
| ぼくたち | に

とっては

どんな？
| 大切（なもの） | だが、

どこ？
| 雪国 | の人にとっては

どんなもの？
| やっかいもの | だと聞いた。

2、すばやく動き続け、長く動き続けるために決断し、ぱっと動くといった能力を持つ者のみが、一流と呼ばれるよう(つまり、そういった能力を持つ者の中で、たゆまぬ努力を続けた者のみが、一流スポーツ選手になるためには、高い瞬発力、持久力、判断力などの優れた能力が必要とされる。さらに、時々のスポーツに合わせて、すばやく動く(瞬発力)、長く動き続ける(持久力)、ぱっと決断し動くといった能力を持つ者のみが、一流と呼ばれるようになるのだ。

| どんな？ |
| 一流 | と呼ばれる

| なに？ |
| スポーツ選手 | になるためには、高い

| なに？ | | なに？ |
| 瞬発力 | ・ | 持久力 |

| なに？ | | なに？ |
| 判断力 | などの | 能力 |

を持つ上に、| どんな？ |
| たゆまぬ |

| なに？ | | どうする？ |
| 努力 | を | 続け | る

必要がある。

問題三、5

5、鉄鉱石や原油など工業の原材料を輸入して、それを鉄や自動車などの製品に加工して輸出する事を、加工貿易と言います。日本は資源のほとんどを安価で手に入れる事が難しく、高度な製品を作って輸出するのかこう貿易なのでとなりました。

| なに？ | の | なに？ | を |

| どうする？ | して、それを | なに？ | に |

| どうする？ | して | どうする？ | する事を、 |

| なに？ | と言い、 | なに？ | の |

| ほしい | どい？ | ではさかんです。 |

（解答は50ページ）

問題三、6

6、木曽三川（きそさんせん）と呼ばれる木曽川、長良川（ながらがわ）、揖斐川（いびがわ）の合流する付近の低水地では、たびたび洪水がこり、住居や田畑やまわりの被害にみまわれてきました。洪水からこの土地を守るように周りを堤防（ていぼう）でかこみ、輪中というまのずいまわりを堤防にしました。このように周りを堤防でかこんだ土地を言います。

| なに？ | の | どうする？ | する付近の |

| どんなところ？ | で、 | なに？ | を防ぐために |

まわりを | なに？ | でかこんだ土地を

| なに？ | と言う。

3．海からやって来た湿った空気が山に当たると、斜面(しゃめん)にそって上昇(じょうしょう)する。上昇した空気は温度が下がり、斜面の上部で雨を降らせる。雨を降らせて温度が上がる。これをフェーンと乾燥(かんそう)した空気が山を越えて今度は斜面にそって下降(かこう)する。下降した高温の風がふきこむ事になる。ふきこむ高温の風が山の向こう側のふもとに現れる現象と言う。

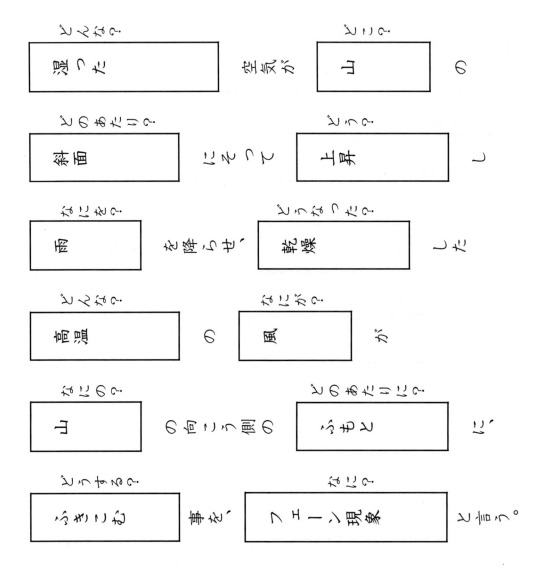

四、野菜や果物など比較的いたみやすい農作物や魚介類（をとった場所）から遠く離れた消費地（しょうひち＝売る場所）まで冷やしたまま運ぶ仕組みを、コールドチェーンと言います。

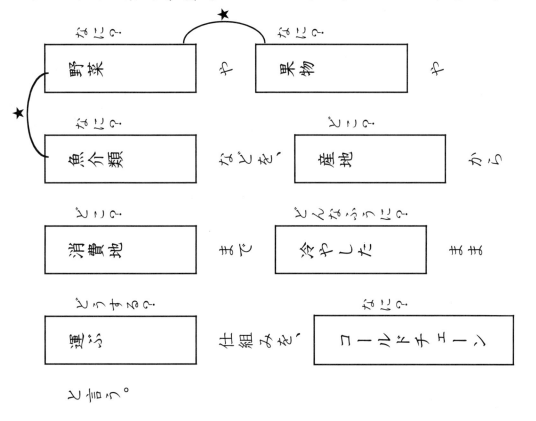

★「野菜」「果物」「魚介類」の順が良いが、逆になっていても可。

テスト3‐1　　　　　　　　　　　　　　　　　年　月　日

（合格80点）

1、東京湾アクアラインは、神奈川県川崎市と千葉県木更津市とを結ぶ海底トンネルおよび橋でできている高速道路で、アクアリンクと呼ばれる海底トンネルの長さはおよそ十五キロメートル強はアクアブリッジと呼ばれる橋で、木更津側の四キロメートル弱はアクアブリッジと呼ばれる橋でできている。めずらしいつくりです。

（各5点）

東京湾アクアライン は、[どこ？＿＿＿]と

[どこ？＿＿＿]をむすぶ[なに？＿＿＿]で、

[どちら？＿＿]側は[なに？＿＿＿]、

[どちら？＿＿]側は[なに？＿＿＿]でできている

めずらしいつくりだ。

（解答は6ページ）

テスト三-2　　　　　　　　　　　　　　　　　　　　年　月　日

2、海からやって来た湿った空気が山に当たると、斜面にそって上昇し（じょうしょう）そのさい温度が下がるため上部で雨を降らせる。雨を降らせて乾燥（かんそう）した空気は山を越え、今度は斜面にそって下降（かこう）する。下降した空気は温度が上がることになる。これをフェーン現象と言う。ふもとにふきおろす高温の風がふきこむ事になる。（各5点）

| どんな？ | 空気が | どこ？ | の |

| どのあたり？ | にそって | どう？ | し |

| なにを？ | を降らせ、 | どうなった？ | した |

| どんな？ | の | なにが？ | が |

| なにの？ | の向こう側の | どのあたりに？ | に、 |

| どうする？ | 事を、 | なに？ | と言う。

（解答は7ページ）

5、鉄鉱石や原油など工業の原材料を輸入して、それを鉄や自動車などの製品に加工して輸出する事を、加工貿易と言います。日本は資源のとぼしい国なので工業の原材料を安価で手に入れる事が難しく、高度な製品を作って輸出する加工貿易がさかんとなりました。

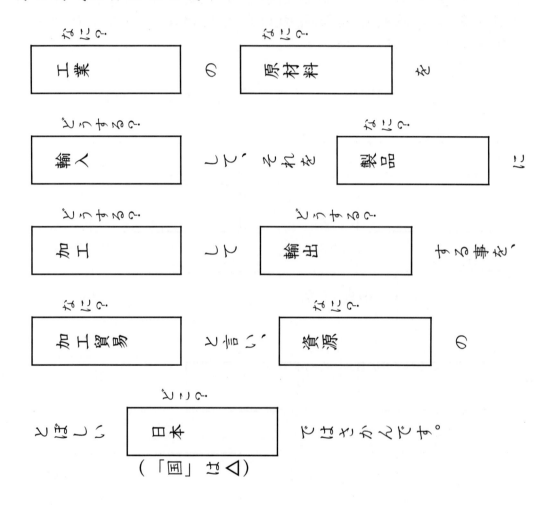

6、木曽三川(きそさんせん)と呼ばれる木曽川、長良川(ながらがわ)、揖斐川(いびがわ)の合流する付近の低地は、たびたび洪水(こうずい)の被害に悩まされてきました。そこで、住居や田畑をこのような氾濫の被害にあわないように周りを堤防(ていぼう)でかこみ、洪水から防ぐように堤防をめぐらしました。このように周りを堤防でかこまれた土地を輪中と言います。

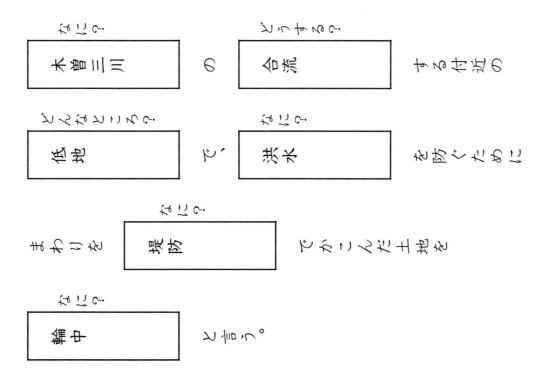

M・access 学びの理念

☆**学びたいという気持ちが大切です**
勉強を強制されていると感じているのではなく、心から学びたいと思っていることが、子どもを伸ばします。

☆**意味を理解し納得する事が学びです**
たとえば、公式を丸暗記して当てはめて解くのは正しい姿勢ではありません。意味を理解し納得するまで考えることが本当の学習です。

☆**学びには生きた経験が必要です**
家の手伝い、スポーツ、友人関係、近所付き合いや学校生活もしっかりできて、「学び」の姿勢は育ちます。
生きた経験を伴いながら、学びたいという心を持ち、意味を理解し納得する学習をすれば、負担を感じるほどの多くの問題をこなさずとも、子どもたちはそれぞれの目標を達成することができます。

発刊のことば

「生きてゆく」ということは、道のない道を歩いて行くようなものです。「答」のない問題を解くようなものです。今までは人はみんなそれぞれに道のない道を歩き、「答」のない問題を解いてきました。

子どもたちの未来にも、定まった「答」はありません。もちろん「解き方」や「公式」もありません。

私たちの後を継いで世界の明日を支えてゆく彼らにもっとも必要な、そして今、社会でもっとも求められている力は、この「解き方」も「公式」も「答」すらもない問題を解いてゆく力ではないでしょうか。

人間のはるかに及ばない、素晴らしい速さで計算を行うコンピューターでさえ、「解き方」のない問題を解く力はありません。特にこれからの人間に求められているのは「解き方」も「公式」も「答」もない問題を解いてゆく力であると、私たちは確信しています。

M・accessの教材が、これからの社会を支え、新しい世界を創造してゆく子どもたちの成長に、少しでも役立つことを願ってやみません。

国語読解の特訓シリーズ二十七
要約の特訓 上 新装版（内容は旧版と同じものです）

新装版 第一刷
編集者　M.access（エム・アクセス）
発行所　株式会社 認知工学
〒六〇四―八一五五　京都市中京区錦小路烏丸西入占出山町三〇八
電話　(〇七五)二五五-七七二三　email：ninchi@sch.jp
郵便振替　〇一〇八〇一九一一九三六二　株式会社認知工学

ISBN978-4-86712-227-3　C-6381　N27220125A　M

定価＝本体六〇〇円＋税

ISBN978-4-86712-227-3 C6381 ¥600E

定価：本体６００円＋消費税

M.access　認知工学

飛	ん	で	い	た	。
鳥	が				

| 夕 | 焼 | け | の | 空 | を |

１羽の鳥がゆうやけ直前の夕焼けの空を飛んでいた。

表紙の解答例

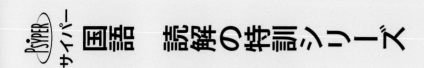

サイパー国語 読解の特訓シリーズ

シリーズ１７

要約の特訓 上 新装版

楽しく文章を書こう
文章の読解と要約の特訓

新装版

問題、次の□に合うように、文中の言葉を書きぬいて要約しなさい。

日がくれる直前の夕焼けの空を、白い一羽の鳥がゆうゆうと飛んでいた。

| | | | | | を |

| | が | |

| | | | 。 |